速成手册系列

First Steps Out of Smoking

Simon Atkins

如何迈出
戒烟
第一步

西蒙·阿特金斯 著

高红秀 译

华东师范大学出版社

编者的话

现代生活的八大病症:焦虑、失眠、抑郁、肥胖、赌博、酗酒、烟瘾、以及婚姻的失败。这种"现代病"有时会困扰你一时,如果不能及时克服的话,甚至会困扰你一生。归纳这些"现代病"的基本征兆如下:

——嫌自己太胖,尝试各种减肥方法都没有效果。

——明知抽烟有害,想戒,但不能坚持,一次次功亏一篑。

——嗜酒如命,想要戒酒,又无力抵挡酒精的诱惑,最终走上酗酒之路,无法自拔。

——沉迷于**赌博**,屡输屡赌,深陷其中,欲罢不能。

——当**失眠**成为一种习惯,白天无精打彩,入夜辗转反侧,睡梦成了一种奢求。

——一段失败的**婚姻**,令你茫然失措,不知道如何直面今后的生活。

——在日常生活工作中,一种无名的焦虑感始终伴随而至,让你身心疲惫,不堪重负。

——无论是成功或挫折,荣耀或压力,都会让你步入**抑郁**的泥沼,一旦深陷,找不到摆脱痛苦的出路,有一种不可救药之感。

无论你遇到了上述哪种问题,相信它都已经在无形中对你的生活造成了不同程度的消极影响。如果你已下定决心去克服,但又苦于找不到正确且有效的方法,那么这套"速成手册系列"丛书就是专门为你而量身定制的。

本套丛书共包含八本小册子,分别为《如何迈出减肥第一步》、《如何迈出戒烟第一步》、《如何迈出戒酒第一步》、《如何迈出戒赌第一步》、《如何摆脱失眠困扰》、《如何走出分手阴影》、《如何消除焦虑困扰》,以及《如何克服抑郁困扰》。撰写这些小册子的作者均为来自各个相关领域的实干型专家,其中包括专职的心理学家、著名医生等各行业拥有广泛知名度的成功人士,他们中亦不乏有人曾亲身经历上述困境,一度挣扎在无尽的黑暗中,找不到方向,但最终凭借自身的努力和毅力,战胜了"病魔",重新收获了美好的生活。他们将自己一路走来的体验和经历写入书中,以感同身受的言语,为深受同样问题困扰的读者提供兼具专业性与实用性的指导意见,相信作为读者的你在阅读这本小册子的时候,不仅可以看到自己的影子,同时也能从中汲取改变自身现状的信心和勇气。

现在,开始阅读这本小册子吧!如果有需要的话,你还可以将它带在身边,随时翻阅。希望有一天,当你合上它的时候,你会发现自己的生活已经重新回到了健康、积极的轨道上。到那时,我们编译这套丛书的初衷也就实现了!

本书献给我已经戒烟成功的父亲和祖父

为什么选择这本书?

● 你想戒烟吗?

● 你关心抽烟对身体造成的影响但又不准备戒烟吗?

如果是这样的话,本书将会告诉你所有你必须要了解的事情,包括

● 香烟到底含有什么成分以及为什么抽烟有害健康

● 抽烟可能造成的长期危害和短期危害是什么

● 有哪些不同的方式可以帮助你戒烟

● 如何设置合理的戒烟目标并加以实现

● 如何避免烟瘾复发

● 如何彻底戒烟

　　本书所提供的建议都是经过反复试验并加以论证的,它能使你成功地迈出戒烟第一步,从而变得更健康、更快乐、更富有。

目　录

引　言

如果还有什么理由能够让我们不去指控抽烟的话，那么相信我，我将用下面的几十页篇幅告诉你可以指控它的大量事实——抽烟并不那么酷。

无论是滚石乐队的罗尼·伍德在演唱会的舞台上手夹香烟边走边弹"Brown Sugar"（红糖），海明威嘴角上叼着抽了一半还没熄灭的烟蒂在打字机上写着他的不朽之作，还是黑白电影中贝蒂·戴维斯会说话的眼睛被烟雾缭绕，给世人留下难以忘却的经典形象，香烟的过滤嘴无疑给他们增添了一丝魅力和时尚。抽烟，就像摇滚乐一样受欢迎。

烟草广告过去经常把注意力集中在这种酷毙的形象上，最著名的就是万宝路香烟广告中的那位铮铮铁汉。粗犷豪迈的西部牛仔抽着万宝路在野外纵马驰骋，正是这一形象让万宝路成为世界顶级的香烟品牌。

然而，作为一名医生，我觉得抽烟一点都不酷。我经常会看到有多年烟龄的人由于动脉粥样硬化，结果中风瘫痪或心脏病发作。这些曾经健康的人现在却要人来照料他们的生活起居。还有一些人因为抽烟肺部严重受损，造成呼吸困难，爬个楼梯都要带上氧气瓶。在户外骑马都可能会要了他们的命。

因为喜欢抽烟，许多人身体细胞发生突变，健康细胞转变为癌细胞。不管是口腔癌、喉癌、肺癌、膀胱癌，还是直肠癌，结果都是一样的：无情的癌细胞不断分裂扩散，让你的身体日渐衰弱，最后变得形销骨立，只能痛苦地躺在床上慢慢等死。

这种结局最终也降临到拍万宝路香烟广告的男演员

身上：1992年，他死于肺癌。全世界每年都有几百万人死于肺癌。人们的生命缩短了，仅仅因为一个他们不能，也不愿改掉的习惯。

抽烟在影片中看起来很酷，但是当外科手术要把癌变的喉咙切除、你的后半生因而只能通过喉咙里的洞呼吸时，那种酷就荡然无存了。

当然，如果你是一个喜欢抽烟的人，你不会不知道这些。事实上，除非你来自火星，并且刚刚坐着飞碟来地球执行一项观察人类这种奇怪的小生物的神秘任务，否则医生、护士、政府和媒体会反复地告诫你，抽烟是多么不利于你的健康。但是，因为这样或者那样的原因，这还不足以让你戒烟。

也许你正当年，身强力壮，有着良好的饮食习惯，每天晚上都喝一杯热巧克力早早上床睡觉，并且相信所有这些健康的追求将会抵消你的一个小小的不健康的行为。年轻的时候，我们都觉得自己是不可战胜的，以后的日子还长着呢，现在何必担心呢？

可能你会认为，现在的生活压力实在太大了，当结束一天的工作之后，或者是在面临危机时，不抽支烟你就无法放松。至少抽烟能够让你坚持下去而不必去酗酒。

或许，你就是喜欢抽烟而已。一杯葡萄酒或者现煮的咖啡，与三五烟友一起轻酌慢品，吞云吐雾，还有什么能比这更让人感到轻松惬意的呢。

或许对你来说，还有和别人不一样的抽烟理由。除非与你的健康和寿命相比，这些理由显得并不是那么重要，否则你不会考虑戒烟。那是你的选择。不管别人是如何地危言耸听，你就是不想戒烟。如果是那样的话，我无话可说，直接把书塞进书架里即可；而当有一天你觉得戒烟的时机到了，再把书拿出来读一读，可能还会派上用场。

但是，如果你准备戒烟，并且戒烟的理由超过了抽烟的借口，那么此书现在就非常适合你。

有些人可能根本不想要任何帮助，你已经下定决心准备戒烟——痛下决心马上戒烟——就这么简单。许多人都发现这很有效。例如，我的父亲在我出生的时候就决定戒烟，从那一天起就再也没抽过，尽管他以前一天

能抽 40 支烟,并且在 1967 年也没有尼古丁替代疗法来
帮助他戒烟。不过,对于其他人而言,单靠毅力只是戒烟
过程中的一部分,借助某种药物来抑制脱瘾症状也是至
关重要的。

　　在下面的几个章节中,我们将要了解一下不同类型
的戒烟方法,有尼古丁替代疗法、药物治疗、电子烟,以及
利用智能手机应用软件。我们还会了解到戒烟的心理疗
法和另类戒烟疗法,以及这些疗法是否可靠。什么疗法
会真正起作用,什么疗法没有任何效果? 没有必要浪费
时间去尝试一种注定要失败的治疗方法。

　　但是,首先让我们来看一看抽烟对健康所造成的各
种危害,然后再了解一下为什么戒烟会如此困难吧。

1
为什么抽烟有害健康

当我撰写此书时,又一食品丑闻上了头条新闻,引起全民恐慌和愤怒:人们在牛肉汉堡中竟然发现了马肉的踪迹!

这种牛肉汉堡出现在超市的即食冷冻食品以及在校学生和医院病人的午餐中。不仅如此,这些产品还都是由英国最负盛名的品牌商家所生产的。事实上,据说人们近来吃的半成品食物,但凡商家声称是由鲜美的一级牛肉制成的,所谓的牛肉也极有可能是马肉。

媒体对此事进行了大规模的报道，即使还没有人因为吃到贴错标签的方便食品而受到损害。

那么想象一下，如果生产厂家把有损健康的产品大量投放市场，而其实厂家知道，经常消费这些产品，不仅会对人体造成伤害，而且还会直接导致几乎一半的人死亡，这将会引起多么大的公愤。含有有毒化学物质的产品会对人体细胞造成致命突变，破坏血管壁，对肺部气腔造成不可逆转的损害。众所周知，这类产品可以致死、致伤或是致残，因为事实证明它们会导致心脏病发作、中风和癌症。

你能想象公众强烈的抗议声、报纸对此事连篇累牍的报道，以及电视纪录片对丑闻的全面披露所带来的后果吗？毫无疑问，厂家将被勒令停产，而负责人则会锒铛入狱。

再想象一下吧。这其实正是香烟生产厂家每天都在干的事情，他们唯一关心的问题就是如何获取丰厚的利润。倘若想要亲自了解一下厂家到底在香烟里放了些什么东西，详细情况请看附录。

抽烟和癌症

　　直到 20 世纪 50 年代,抽烟都被认为是一种无害的消遣。在任何一部老式黑白电影里,你都会看到大部分演员一支接一支不停地抽烟,似乎很享受这个过程。这可以说是当时社会习惯的一个缩影,但是在英国的理查德·多尔爵士和奥斯汀·布拉德福德·希尔爵士①发表了他们著名的研究报告之后,抽烟无害这一观点发生了改变。这份报告对英国 4 万名抽烟者的死亡原因进行了考察,值得注意的是,这些被调查研究的对象全都是医生。

　　经过多年的资料分析,他们在 1956 年得出结论:烟瘾大的人肺癌死亡率是不抽烟者的 20 倍。2004 年,多尔和医学研究委员会(Medical Research Council)的其他同

---

① 　理查德·多尔(Richard Doll, 1912–2005),英国生理学家与流行病学家。奥斯汀·布拉德福德·希尔(Austin Bradford Hill, 1897–1991),英国流行病学家与统计学家。二人首次证明了吸烟与肺癌之间的关系。

仁公布了将近 50 年的研究结果,得出了令人震惊的
结论:

- 抽烟者比不抽烟者平均缩短了 10 年的寿命
- 大约一半的抽烟者死于抽烟习惯

这还远远不够,他们又发现了下面一些和抽烟有关
的致命疾病:

- 肺癌
- 慢性阻塞性气道疾病(慢性支气管炎和肺气肿)
- 冠心病(心绞痛和心脏病)
- 中风
- 口腔癌、膀胱癌、肝癌、胰腺癌、肾癌、胃癌和宫颈癌

  (资料来源:医学研究委员会,2007)

对健康产生的其他影响

自从多尔和希尔强调抽烟会给健康带来风险以来,
更多由这一习惯直接引发的疾病被披露出来。

接下来从头到尾好好检查一下你身体的各个部位吧,有些问题可能不致命,但会对你的身体造成永久性的伤害。

眼睛

抽烟的人更容易得白内障和视网膜黄斑变性,这两种疾病会使视力衰退,并可能导致失明(这种黄斑是眼睛后视网膜的一部分,想要看清一些细小的东西完全要依靠它)。

口腔

抽烟会引起口臭和口腔溃疡,让牙齿和舌头变黄。此外,抽烟的人更容易得牙龈病,而这种病会导致掉牙。

皮肤

抽烟会减少皮肤血液供给,和不抽烟的人相比,抽烟者的皮肤更苍白,皱纹更多。

血液循环

抽烟会使血压升高,相应地也就增加了得心脏病和中风的风险。

生殖系统

和不抽烟的夫妇相比,抽烟的夫妇在生育方面出现问题的可能性更大,而且特别重要的是(或者并非如此!):抽烟的男人比不抽烟的男人患阳痿的可能性要高一半。

总之,如果抽烟可以致癌这一说法还不足以让你戒烟的话,那么,成为一个口臭、有性功能障碍、牙齿掉光、满脸皱纹的人的风险,一定会让你在点燃香烟的时候三思而后行。

经济影响

在经济方面,抽烟也是造成生活困顿的一个杀手。

2009 年,根据英国心脏病基金会的一项研究,每年英国国民医疗保健署(National Health Service)要支付大约 50 亿美元用于上述所有与抽烟有关的疾病——仅是这笔钱就占了预算总额的 5.5%。

　　想想看,如果那 50 亿美元中有一部分能用于老年人髋关节置换手术,将会有多少人不再有走路困难的问题。有了资助,又将有多少不孕不育的夫妻能够得到怀孕生子从而改变人生的机会。又或者,如果这笔钱被用于像白内障手术、心理健康服务或儿童癌症治疗之类的崇高事业,不用说,数以千计的人将会从中受益。

　　就个人而言,想想抽烟对你本人经济状况所产生的影响吧! 以当前的消费水平来看,一天抽 10 支烟,一年大约会花费你 1340 英镑,这就相当于你把全家每年用来度假的钱给抽掉了,或者是把你想要买一部好车的部分钱给抽掉了。

　　(资料来源:英国国民医疗保健署的抽烟成本计算器)

被动吸烟(吸二手烟)

众所周知,抽烟不仅危害自己的身体健康,让你囊中羞涩,而且还会对你周围的人造成影响。关于吸二手烟的研究已经证明,由于你周围的人把你刚刚吐出的烟雾又直接吸进肺里,大量的健康问题就由此产生了。

未出生的孩子

孕妇吸二手烟会导致腹中胎儿生长缓慢,并且还会影响胎儿的器官发育。

婴儿和儿童

通常认为吸二手烟是造成婴儿猝死的一个风险因素,因为二手烟会引起耳朵发炎和胸部感染,还会加重哮喘。

成年人

成年人吸二手烟罹患疾病的风险比抽烟者本人更高,包括肺病、心脏病以及上面提到的所有癌症。

抽烟有害健康,请到此为止

我希望本章已经说明,抽烟的危害是确实存在的,我们要认真对待这个问题。尽管你的伯特叔叔一天抽 80 支烟也活到了 100 岁,可那并不能证明我所说的一切就是错的。那只能说明伯特叔叔是一个非常幸运的人,而你或许就没那么幸运了:你可能已经让自己处在非常不利的境地。

常见的误解

抽烟的其他形式并不像香烟那样有害健康。

自己卷烟抽

人们通常会认为自己卷烟抽危害性要小一些,因为与厂家生产的烟相比,自己卷的烟所含烟草更少。然而,研究人员对这两种烟进行对比后发现,人体吸入的有害物质其实是一样多的,因为自己卷烟抽,往往会吸得更深,时间间隔也更短,而且通常不用过滤嘴。

雪茄烟

另外一种常见的错误观念就是认为抽雪茄比抽香烟更安全,因为抽雪茄通常不会把烟吸进肺里。然而,无论是尼古丁,还是有毒物质,仍会通过口腔组织吸收进你的血液里。因此,尼古丁瘾、心脏病、肺病及癌症在抽雪茄的群体和抽香烟的群体中同样普遍。事实上,抽雪茄更容易患口腔癌。

烟斗

你猜对了!抽烟斗也好不到哪里去,它同样有害健康,因为抽香烟带来的所有副作用,抽烟斗也会有。

大麻

最后需要打破的错误观念是:吸大麻不像抽烟那样有害健康。

事实上,吸大麻比抽烟更糟糕。

2012 年,英国肺癌基金会发现,吸大麻的人所喷出的烟雾团比抽普通香烟的人所喷出的烟雾团平均要大三分之二,持续的时间则长四倍。因此,抽一支大麻和抽 20 支普通香烟,患肺癌的风险是一样的。

2
为什么人们要抽烟

既然大家都知道抽烟有害健康，为什么还有那么多人喜欢抽烟？为什么我们还会看到那么多人加入抽烟者的行列？

抽烟统计数字

抽烟的人随处可见。据估计，全球大约有 10 亿烟民，在过去的 10 年中，他们一共抽掉了 43 万亿支香烟。

在英国,抽烟统计数字如下:

- 大约21%的成年男子和19%的成年女子是烟民。

- 抽烟在20至24岁的人群中最普遍。

- 贫困群体中抽烟的比率明显更高:在体力劳动者中,抽烟的比例高达28%;而从事专业和管理工作的人,只有13%的人抽烟。

　　(资料来源:ASH网站)

美国和英国情况差不多,有450万成年人抽烟(占成年人口的19%)。年龄和性别比例也大致相同,干体力活和失业人员抽烟更为普遍,就像英国一样。

　　(资料来源:CDC网站)

越过边界到加拿大,抽烟数字略低。这些数字表明,目前加拿大抽烟的人占全国人口的17%,烟瘾大的人中,男人占19.7%,女人占15%。

　　(资料来源:加拿大健康网站)

如果前往澳大利亚和新西兰,我们就会发现,在澳大利亚 14 岁以上的人群中,16.4% 的男子和 13.9% 的女子都是烟民。在新西兰,抽烟的数字更高。抽烟的非毛利男子和女子分别是 20.3% 和 16.2% ,抽烟的毛利男子和女子则分别占 39.3% 和 48.3% 。

(资料来源: 网站 cancercouncil. com. au 和 health. govt.nz)

如果把这些抽烟的数字折合成现金的话,数字是惊人的。2010 年,全球六大烟草公司的总利润是 351 亿。这相当于可口可乐、微软和麦当劳三家公司同一年加在一起的总利润, 也相当于波兰、沙特阿拉伯和瑞典三个国家的国内生产总值。

(资料来源: 世界肺病基金会网站)

为什么大多数人开始抽烟?

一个意大利研究团队在 2005 至 2010 年对年龄在 15

岁以上的数千人进行了调查,并对他们抽烟的原因进行了分析,2013年初研究结果公布。研究者发现,接受采访的大多数人(占60%以上)开始抽烟仅仅是因为受到朋友的影响。

三分之一的人在16岁之前开始抽烟,三分之二的人是在年满18岁时才染上抽烟的恶习。

其他抽烟的原因是:

● 出于快乐和满足——15.6%

● 觉得成熟和独立——9%

● 受同伴和家庭的影响——6.6%

● 因为压力——2.5%

● 为了更有安全感——1.9%

● 由于好奇——1.8%

(资料来源:R.Muttarak 等,《欧洲癌症预防杂志》,2013年)

世界各地的抽烟者也都给出了类似的原因。抽烟会让人显得有个性、成熟和独立,这是青少年抽烟者特别喜

欢找的一个理由。此外,许多年轻的女人认为,抽烟可以
保持苗条的身材。

为什么抽烟会令人愉悦?

香烟中的主要成分是尼古丁,这种物质会让人在抽
烟时感到非常惬意。尼古丁存在于烟草植物的根部,具
有天然杀虫剂的作用。尼古丁是以法国驻葡萄牙大使
让·尼科·德·维尔曼(Jean Nicot de Villemain)的名字
命名的,16世纪时,他把一个巴西人送的烟草首次介绍
到法国。

当你抽烟时,烟雾中的尼古丁会直接进入肺部,从肺
部又很快被吸收进血液中。然后,它会通过大动脉涌进
你的大脑,在大脑同神经元受体一起,引发大量被称作神
经递质的不同化学物质的释放。

正是一种被称作多巴胺的递质会让你在抽烟的那一
瞬间产生快感,并且在你一支接着一支抽完后,减轻你的
压力和焦虑。服用安非他明(一种兴奋剂)和可卡因会

产生类似的快感,这同样是多巴胺在起作用,它也是导致上瘾的一个重要因素。

烟瘾是怎样形成的?

大脑很快习惯了尼古丁,为了放松心情、获得同样的"兴奋感",就需要抽更多的烟,并且要抽得更频繁。如果抽烟间隔时间很长(只需一个小时左右),或者如果你尽量少抽或不抽,那么大脑中的多巴胺数量很快就会减少,结果你就会感到焦虑、痛苦、易怒和注意力不集中。此时马上抽支烟,这些情绪就会得到缓解,而每次在你忍不住想要放松时,烟瘾就开始发作了。

大脑的变化并不是尼古丁上瘾唯一的导火线。与抽烟相联系的行为对抽烟上瘾也起到了一个很大的作用。例如,每次在煮咖啡、坐车、与朋友喝酒,或是开始一天工作的时候,你都会抽支烟。这些不断重复的行为使你认为,不抽支烟你就什么都做不了。习惯成自然,要不了多久,每当要做这些事的时候,你就会想抽支烟。所以,一杯咖啡,亦或是一口你最爱喝的白酒,总是在抽烟的时候才更好喝。在交通高峰期开车,如果不抽支烟,司机就无法排遣内心的压力;而饭店厨师不溜出去吸一两口烟,就没法把菜做好。

最终,这些联系变得密不可分,就像跳双人舞,一个人是不可能单独完成的,而每次就是在这个时候,你会不假思索地点燃一只香烟。

接着,先是为了避免失望,然后为了防止随着习惯的养成,在车里或床边没有烟抽就会感觉压力巨大,或者无论在哪儿,你都想抽支烟,你会因此而保证手头上随时有烟抽。结果,每天抽烟的数量上升,抽烟和行动之间的联系在你的头脑中几乎变得根深蒂固。

抽烟就这样上瘾了!

我知道抽烟很容易,因为过去和朋友们一起喝酒的时候,我也会偶尔抽支烟。尽管我不常抽烟,但是要拒绝朋友递过来的香烟,需要意志力。这一点让我深深地感到,抽烟上瘾的人要成功戒烟是多么困难。

常见的误解

我戒不了烟,因为戒烟太难。

单凭意志力戒烟,大多数人都觉得很难,但是如果寻求专业人士的帮助,并采用其中一些有效的戒烟方法,那么戒烟成功的可能性就非常大了。

3

成功戒烟需要经历的阶段

关于抽烟有害健康这个问题,我们已经罗列了大量的事实与数据,也论述了戒烟会遇到的种种困难,现在是时候提出一些积极的建议,并告诉你怎样才能摆脱烟瘾了。

遗憾的是,从一个烟民转变为不抽烟者并不是一蹴而就的,它不是在 30 秒钟内从 1 数到 60 这样一个简单轻松的过程,让你可以很快把旧习惯远远地抛到脑后。就像开车一样,一路上你逐渐加速前进,遇到交叉路口会停下来或者偶尔来个急刹车。这可能是一条崎岖不平的路，大多数半途而废的人就像是在开一辆破车而不是超级跑车——汽车尾部冒着黑烟，跌跌撞撞地到达终点。

　　说得更加专业些，你将会经历的这个过程，科学家们称之为"戒烟的跨理论模型"①。尽管这种描述方式听起来有点夸张，但我相信，当看到下面我们用简单明了的语言表达出的意思时，你就会承认自己正处在他们所说的某一个阶段。

第一阶段：没有思想准备

● 在接下来的 6 个月不考虑戒烟。

● 你是一个快乐的烟民：抽烟的快感远远超出抽烟带来的风险。

● 尽管确实想戒烟，但缺乏毅力。

————————

① 亦译"阶段变化模型"，20 世纪 70 年代末 80 年代初，由美国的两位大学教授普罗查斯卡（Prochaska）和迪克莱门特（Diclemente）提出，最早应用于戒烟活动，后广泛应用于诸如吸毒、酗酒、减肥等领域。

- 害怕戒烟后所有潜在的副作用,例如体重增加。

- 戒烟如同让你跑到月球上一样不可能。

第二阶段:思前想后

- 你已经或多或少考虑过要戒烟。

- 在接下来的 6 个月,你真的很想去尝试一下戒烟,尽管具体在什么时候戒烟、如何戒烟,你还没有计划好。

- 比起戒烟,你更关心戒烟所产生的潜在问题。

- 你关心的是戒烟将来会怎样直接影响到你。

- 你研究过戒烟方法。

- 你和成功戒烟的人交流过戒烟心得。

- 你可能已经和你的抽烟伙伴约定好一起戒烟了。

第三个阶段:做好准备

事实上,行动的日子即将来临。

- 你正在计划下个月左右进行戒烟。

- 你已经就戒烟采取了一些措施。

- 什么方法、什么人可以帮助你戒烟,对此你有了更清
  楚的了解。

- 你对戒烟资料已经做了更深入的研究。

- 你可能已去过当地的健康中心,并向你的家庭医生、
  执业护士咨询过。

- 你甚至可能已经在戒烟诊所报好了名。

- 你可能已确定好戒烟日。

第四个阶段: 行动

- 你做到了!

- 在随后的 6 个月,你会积极地戒烟。

- 你正在打破抽烟和其他活动之间的联系。

- 你在使用所有的戒烟疗法。

　　也许你足够幸运,在几个星期之内就通过了这个阶
段,但如果这个过程足足花费了你大半年时间,也不要感

到惊奇。

第五个阶段：维持

● 你已经 6 个月没抽烟了。

● 你能够克服想要抽烟的渴望。

● 你可能会认为偶尔抽支烟对你不会有什么伤害。事实上是一定会，所以千万别抽！

● 你必须紧盯着你的目标，继续采取帮你走到这一步的所有措施。

第六个阶段：结束

哇塞！现在你是一个不抽烟的人了，你打败了抽烟的渴望，抽烟不再是你生活的一部分。但是，此刻你必须意识到得意忘形将会带来的后果。如果厚着脸皮再抽口烟的话，你就会前功尽弃，尽管算不上彻底失败，但也确实是你付出所有努力之后的一次失望吧。

如果能够顺利地按照这些步骤去做,那么很幸运,你肯定已经走上了正轨,而能够做到这一点非常难得。对大多数人来说,这个过程要分好几次才能完成。如果因为社交以及工作或家庭的压力而抽烟,你就会回到起点,也就是说,重新退回到第二个阶段。

千万不要让上面所说的那种情况出现! 就像你在随后几个章节中将会看到的那样,在戒烟的过程中,有很多办法可以帮到你。因此,如果你已经到了第三个阶段并准备奋力一搏,那就赶紧付诸行动,千万不要抱着试一试的心态。即使你只处在第二个阶段,看一看戒烟过程中的各种理由也不算太早,这样当你准备继续戒烟的时候,一切就会顺利得多。

常见的误解

减少抽烟的数量,抽一支就足够了。

不幸的是,情况并非如此。你不仅仍然在吸收香烟中的有害物质,而且证据也表明,每当你想要获得只有抽更多支烟才有的相同快感时,你只会抽得更猛,把烟更深

地吸入肺部。所以,只抽一支烟,事实上也好不到哪
里去。

下一步怎么做?

　　在本书的下一个部分,我们将会着眼于所有的戒烟
疗法,并指出哪种方法有效,以及如何获得治疗。

　　首先,让我们来了解一下尼古丁替代疗法。

4

尼古丁替代疗法

尼古丁替代疗法是帮助人们戒烟的一个主要依靠，当然也是使用最广泛的一种方法。在世界各地，你都可以通过药店和网络购买尼古丁替代品，但通常需要提供医生的处方。

怎样才会有疗效？

尼古丁替代疗法确实给想要戒烟的人提供了一个好

方法,不用抽烟,只要戒烟者的体内获得一定剂量的尼古丁即可。这种尼古丁进入血液,直奔大脑,并且和以前体内的尼古丁受体相遇。这就导致了多巴胺的释放,所有镇静提神的感觉也就相继而来,与抽烟所达到的效果差不多。

这种对抽烟效果的模仿可以预防尼古丁戒断症状,因此也就激发了戒烟的渴望。你不会老想着要抽烟,戒烟也就更容易了。

我接下来马上要提到的尼古丁替代疗法的不同形式,会让你逐渐减少对尼古丁的吸收,并最终结束尼古丁替代疗法。你也不会用其他的嗜好来代替原有的抽烟习惯。

此疗法仍需要意志力才能发挥作用,因为它并不能抵消所有引发烟瘾的行为,如喜欢和朋友在酒吧里吞云吐雾,或是感到有压力时抽支烟。在英国,如果尼古丁替代疗法属于你的医保范围,那么在你使用这一疗法的同时,你会获得相应支持。

当你开始进行尼古丁替代疗法的时候,医生或戒烟顾问会对你需要吸入的尼古丁剂量给出建议,大约和你正常情况下每天抽烟的数量相当,约定戒烟日以后一两个星期你就可以开始治疗。

你必须每天使用尼古丁替代疗法,不仅仅是在你想抽烟的时候,因为它旨在预防,而不是临时去解决问题。人们经常会发现使用尼古丁组合产品,如尼古丁口香糖和戒烟贴,会让戒烟者更精确地调整药剂剂量,以避免抽烟的渴望。

建议你继续治疗两到三个月,以便尽最大可能达到长期戒烟的效果。

常见的误解

尼古丁替代疗法和抽烟一样有害。

事实上,尼古丁替代疗法更为安全。首先,你不会上瘾,因为尼古丁的剂量随着时间而逐步减少。其次,不会导致癌症或心脏病。

尼古丁替代疗法有几种形式?

尼古丁替代疗法共有六种主要形式,所以应该有适合大多数人的一种治疗形式。如果其中有一种不适合你,例如,你特别容易出汗,戒烟贴片在你的皮肤上粘不住,或者尼古丁口胶剂会让你下颌疼痛,那么你可以改用另外一种治疗形式。

戒烟贴

戒烟贴适合大多数人,尤其适合那些不想大张旗鼓让别人知道自己正在戒烟的人,因为戒烟贴藏在衣服下面。

戒烟贴有两种形式:一种是 24 小时贴片。一种是白天贴晚上取下的 16 小时贴片。对于那些早上一醒来就特别想抽烟的人来说,使用 24 小时戒烟贴效果更好。不过,有些人的睡眠可能会因为尼古丁而受到影响,我们建议这些人使用 16 小时贴片。

　　戒烟贴有多种剂量。随着时间的推移,它能够让你减少尼古丁的摄入。通常你可凭处方每次购买14片,需要替换的时候,建议减少剂量。

尼古丁口胶剂

　　尼古丁口胶剂有两种剂量:4毫克(适用于重度烟瘾者,也就是每天抽烟20支以上)和2毫克。当你在咀嚼口胶剂时,尼古丁在口腔里就被吸收进血管里。

　　一开始,你有可能几乎每小时都需要一片口胶剂以抑制抽烟的渴望。咀嚼口胶剂直到嚼出味道来,然后让它在口中停留一段时间,等味道减弱,接着再慢慢咀嚼。一片口胶剂大约咀嚼一个小时左右。

　　随着戒烟日期越来越近,你可以减少剂量,比如每次只咀嚼半片口胶剂,或者是咀嚼时间更短,次数更少。

戒烟糖

　　戒烟糖的使用方法类似于口胶剂,吮吸戒烟糖直到味道变得强烈,然后停留在口中让味道变淡。重复这个动作直到戒烟糖在半个小时左右后融化。

再次强调,随着时间推移,用量逐步减少。

尼古丁舌下含片

这种小药片含服在舌下逐渐溶解,不需吞咽。随着含片的溶解,尼古丁通过口腔和舌头被吸入到血液中。开始时很可能每小时要服用一两片,等过了戒烟日,每日用量逐步减少。

一旦你戒烟成功,为了防止复发,建议你再继续用药3到6个月。

吸入器

戒烟吸入器的形状类似香烟,专门为那些戒烟时还念念不忘用手拿香烟抽的人而设计。吸入器的效果比戒烟糖和口胶剂的效果来得更快,可以用来快速缓解烟瘾。

首次戒烟的头几个月内,你很可能使用吸入器一天多达12次,每次吸大约20分钟左右。随着时间推移,逐步减少。疗程和尼古丁替代疗法一样为12周。

鼻腔喷雾器

以这种方法提供尼古丁剂量速度是最快的,因为药很快被吸进鼻腔内丰沛的血液里,喷一次相当于在大约10分钟的时间内让剂量与一支烟等同的尼古丁进入大脑。

使用鼻腔喷雾器大约要12周,刚开始给自己每小时喷一至两次,到底喷多少取决于你以前抽烟的多寡。随着疗程的结束,逐步减少次数。

有副作用吗?

非常不幸,所有这些辅助戒烟的药物都有可能导致一些副作用,有些人会比另外一些人更为敏感些。不过,总的来说,尼古丁替代疗法耐受力很好,大多数使用者只会出现一些小问题,只有不到5%的人说由于某种副作用而不得不停止治疗。

下面这张表格强调了人们使用不同形式的尼古丁替

代疗法的产品所出现的最常见的症状。

尼古丁替代疗法	产生的副作用
戒烟贴	粘贴部位的皮肤出现红疹(使用药膏或抗组胺剂有助于缓解),睡眠差(换成白天16小时贴片可避免这一情况的出现)
尼古丁口胶剂	气味不好,舌头刺痛,打嗝,胃部不适,下颌疼痛
戒烟糖	胃部不适,打嗝,肠胃气胀,消化不良,头痛
舌下含片	眩晕,头痛,嘴部和喉咙疼痛,心悸,胃部不适,持续流鼻涕(鼻炎)
戒烟吸入器	咳嗽,喉咙疼痛,胃部不适
鼻腔喷雾器	流鼻涕,流眼泪,流鼻血,打喷嚏,咳嗽,头痛,眩晕,胃部不适

怀孕期和哺乳期的使用

作为医生,我们尽可能让孕妇和哺乳期的母亲不用药,因为来自医生的处方药对婴儿都会有潜在的风险。然而,无论是在出生前,还是出生后,抽烟对婴儿的正常生长和发育都会造成很大的风险。如果你是孕妇,没有帮助就无法戒烟的话,建议你尝试尼古丁替代疗法中的一种。你需要向医生或是助产士进一步征求意见。

尼古丁替代疗法有效吗？

是的，这确实有效。对尼古丁替代疗法的有效性所进行的大量科学研究表明，大部分结果都是令人乐观的。当这些单独的研究结果被综合起来分析之后，结论就是，使用尼古丁替代疗法，戒烟成功率可达50%至70%，这意味着这种疗法非常值得一试。

当你得到戒烟顾问非常专业的帮助时，通常都会获得一定程度的成功。所以，正如我所说的那样，尽管你能从当地药店的柜台上买到尼古丁替代疗法的各种产品，但是最好还是通过家庭医生获得，或者是在图书馆和社区中心所开办的英国国民医疗保健署的戒烟诊所处获得。

5

戒烟药

如果你不想尝试尼古丁替代疗法，或者是发现尼古丁替代疗法的副作用让人难以忍受，那么还有其他办法吗？为了帮助人们戒烟，现在有两种药已被批准上市。一种是戒必适（瓦伦尼克林），在美国被叫作"畅沛"；另一种是耐烟盼（安非它酮）。这两种药以不同于尼古丁替代疗法的方式发挥作用，并且相互之间也不一样，必须凭借家庭医生或戒烟诊所的处方才能得到。在英国，想要让医生开处方，必须先去戒烟诊所。

戒必适/畅沛(瓦伦尼克林)

什么是戒必适?

这种药物的分子,其化学形状能够让它依附在大脑神经元细胞的尼古丁受体上。这可以缓解戒烟者因尼古丁戒断而引起的吸烟冲动和戒断症状。

不仅如此,由于戒必适附着在受体上,吸烟的时候,香烟中的尼古丁就无法同样依附在上面,因而你就不能从吸烟中获得任何满足感。

如何服用?

为了更好地发挥药效,在开始服用之前,你必须给自己定好一个戒烟日。如果这个日期对你来说会意味着什么的话,那么它应该是没有商量余地,并且不可更改的。因此,你需要仔细考虑这个日期。例如,这个日期不应该是在和一帮抽烟的朋友一起度过周末前的某一天,或者是一场婚礼,或者是你的生日聚会,或者是其他任何你有可能随手就能拿到香烟的娱乐场合。否则这个日期注定会马上失败。如果你缓解压力的方式是抽烟,那就避免产生过多的压力。

一旦定好戒烟日,那么在此日期前一两周就要开始服用戒烟药,这样可以增加效果。最初服用最小剂量,第一个星期药量逐步增加。

你可以从每天服用一颗 500 微克的药片开始,连续服用 3 天,然后增加到一天两次,连续服用 4 天。接着一天两次服用 1 毫克的药片,再服用 11 周。12 周一个疗程。如果有助于减少复吸的风险,可以重复一个疗程。

有副作用吗?

所有的药都有潜在的副作用,常见的副作用如下:

- 胃肠道不适
- 食欲改变
- 口干,味觉改变
- 头痛

- 困乏

- 眩晕

- 睡眠模式被打乱

- 梦境异常

服药后出现上述所有副作用是极其少见的,而随着身体的逐步适应,用药后几天内症状还得不到缓解,这种情况就更少见了。

更严格地说,罕有报道提到有人在服药期间患抑郁症甚至自杀。如果你正在服用此药,并且开始感到焦虑不安和抑郁,我建议你立刻告诉医生,但是这种情况很少发生。

任何人都可以服用吗?

戒必适不适用于18岁以下想要戒烟的未成年人,也不适用于孕妇和哺乳期的母亲。由于有患抑郁症的风险,关于这一点我们在上文曾提到过,有精神病治疗史的患者须谨慎使用。

戒必适有效吗?

确实有效! 研究人员发现,服用戒必适后,戒烟成功的可能性是在没有任何帮助下快速戒除烟瘾的 3 倍。

耐烟盼(安非它酮)

什么是耐烟盼?

这种药最初是作为抗抑郁药而开发研制的,但是人们却发现正在治疗抑郁症的抽烟患者在服药期间常常会在不经意中戒掉烟瘾。它作用于大脑中被称作多巴胺和去甲肾上腺素的两个神经递质,并且会提高它们的含量。

我们并不完全清楚这两种神经递质含量的增加是如何让人戒烟的,但是它似乎减少了人们抽烟的渴望,让抽烟不再那么有吸引力。

如何服用？

耐烟盼每片重 150 毫克,就像戒必适一样,必须在确定的戒烟日之前 7 至 14 天开始服用。在第一个星期,刚开始剂量少,然后逐步增加,连续 6 天每天一次,每次服用一片耐烟盼,剩下的疗程增加到每天两次。

大多数患者服用 7 至 9 周即可,但是厂家警告,如果 7 周后还不见效,最好停止用药。

有副作用吗？

万一你不够幸运,身上出现了药物所引发的其中一种罕见副作用,那么你应该看一下药片包装上的小字说明。服用耐烟盼,最常出现的问题是：

● 口干

● 肠胃功能紊乱,味觉失常

● 兴奋

● 焦虑

● 眩晕

● 抑郁

● 头痛

● 注意力不集中

● 失眠

● 震颤

● 发热

● 皮肤发痒

● 皮疹

● 多汗

再说一次,除非你真的不够幸运,否则在你身上不可能出现所有的症状。随着身体的逐步适应,这些症状都会慢慢消失。

任何人都可以服用吗?

耐烟盼不适用于儿童,孕期和哺乳期应该避免服用。不适用于酗酒、苯二胺脱瘾、有肝硬化和脑瘤的人群。癫痫病患者应避免使用,躁郁症或厌食症、暴食症患者也是如此。

老年人服用此药,建议剂量减少到一天一次。

耐烟盼有效吗?

耐烟盼戒烟成功率很高。研究已经表明,其戒烟成功率是安慰剂疗法的 2 倍,而从长远来看,耐烟盼让你远离抽烟的几率也比不治疗要高 1.5 倍。

6
电子烟

我第一次了解电子烟大约是在 5 年前从布里斯托飞往都柏林的航班上，当时乘务长通过广播通知乘客，空姐待会儿将穿过机舱给抽烟的乘客提供购买一支电子烟的机会。乘务长告诉大家，乘客可以在飞机上抽电子烟，以克服他们通常想要抽普通香烟的渴望。因为显然直到乘客收拾好行李离开都柏林机场候机楼的时候，他们才能真正地抽支烟。

有若干只手举了起来，因为离得太远，我看不清电子烟是什么样子,以及怎么抽电子烟。当然,现在电子烟随处可见——仅在 2012 年,英国就卖出了 300 万支电子烟。2013 年 6 月,英国政府说正在考虑像对待尼古丁替代药品一样对电子烟进行规范。

那么,什么是电子烟?电子烟有助于戒烟吗?电子烟安全吗?

电子烟简史

电子烟是世纪之交由中国一个名叫韩力的药剂师开发研制而成。它是为了帮助抽烟者改掉抽烟习惯而设计的,并于 2004 年推向中国市场。2007 年,获得首个世界专利,自那时起,电子烟的市场一直在扩展。根据美国疾病控制中心的报道,在过去的 10 年,抽传统香烟的美国人有 21% 尝试过电子烟。在美国,电子烟的销量在 2012 年翻了一番,据说为厂家赚取了 3 至 5 亿美元。

电子烟的构造

电子烟有各种各样的形状和大小。大部分电子烟的设计外观看起来和传统的香烟一样,一端是白色的电池杆,一端是橙色的过滤嘴,尽管有些电子烟全部都是黑色的。

电子烟的外壳是由塑料做成的,所以明显比传统的香烟要重得多。电子烟分为两部分,以存放三个主要零件(见下页示意图)。一端有一个烟管(A),这个短烟管装有各种强度的尼古丁,并被溶解于一种被称为丙二醇(舞台表演中使用的烟雾机也含有这种化学物质)的液体中。它也装有其他化学物质,在吸入蒸汽时,可以给使用者提供各种不同品牌的香烟味道,感觉跟抽真烟一样。每支电子烟的烟管装有足够液体,可以产生大约 40 支普通香烟产生的烟雾,但这些烟雾所含有的尼古丁并不像抽普通香烟那样会产生其他的有害物质。

电子烟的剩余部分用螺丝钉拧紧到烟管上,包括一个把烟管中的液体变成可吸入气体的雾化室(B)和一个可充电的锂电池(C)。这种锂电池可以通过电子烟自带的 USB 接口充电器反复充电,车载充电器和墙壁充电器也可以,这样你就可以随时随地把电充满。

最后,电子烟顶端有一个红色的 LED 灯(D),吸烟时灯会亮。电池快用完时,它会不断地闪烁,以提示电量不足。

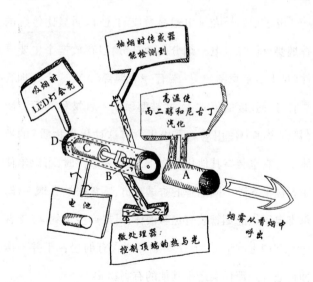

如何抽电子烟？

首先，当提到电子烟时，我需要纠正一下这个专门术语，它叫"电子雾化器"，因为没有燃烧过程，你吸入的是蒸汽而不是烟。在抽电子烟的时候，你把电子烟的尾端放在嘴里吸，就像吸烟草一样。不过，这次你不是通过过滤嘴吸，而是通过电子烟尾端的一个小洞在吸。这样就把空气输入到雾化室的传感器里，传感器触发烟盒里的金属线圈把液体加热，并把它转化成可以吸入的气体。此时，电子烟顶部的红灯就会亮。

接着，你呼出多余的蒸汽，方式与呼出香烟烟雾一样，尽管不像普通的香烟那样会有气味。所有这一切都是在瞬间发生的，这样你就可以准确模仿平时抽烟的样子了。

电子烟能帮助你戒烟吗？

我有许多朋友和病人都极其依赖电子烟,并且网上有不计其数的人现身说法,描述当其他戒烟方法都失败的时候,电子烟是如何帮助他们戒烟的。尤其是我有一个朋友,我曾认为他永远都戒不了烟。在为我们当地一家俱乐部打板球期间,即使是站在边界上防守时,他常常都会趁机抽两口烟——无疑,他这样做给人的感觉就是个天才运动员!然而,他很快就喜欢上了电子烟,在接下来的几个月里,他抽普通香烟抽得越来越少,直到最后他竟然完全戒掉了烟瘾。他现在不抽烟了,不仅他的肺要感谢他,依靠他在板球比赛中接球的队友也会对他心存感激,因为打球时他再也不必先找个地方去捻灭香烟了。

不幸的是,尽管这些利用电子烟戒烟成功的故事在不断增加,但是到目前为止,还没有像样的研究能够证明,电子烟可以作为戒烟的辅助治疗方法推荐给每个人。已经发表的唯一一项研究表明,同不借助任何帮助手段戒烟的人群相比,使用电子烟戒烟并没有多大的效果。

医疗界的另一个担忧就是电子烟还没有像其他帮助人们戒烟的治疗方法那样得到规范管理。因此,并没有标准的生产方法。实际上,在生产电子烟的不同公司之间,电子烟中尼古丁和其他有毒成分的含量差别很大。还有一个担忧就是传统的香烟制造商已经看到了市场缺口,因为急于赚钱,也在制造电子烟,目的就是为了让那些认为电子烟更安全的人对尼古丁上瘾,然后再转向可燃香烟。

未来前景

英国政府已经郑重宣布,在 2016 年之前要把电子烟作为药品进行规范管理。这意味着对电子烟的安全和生产标准进行更为严格的检查,以及对其帮助人们戒烟的有效性进行更多的研究。其他的国家一定也在做相同的事情,这意味着将来你会准确地知道电子烟的成分以及利用它来戒烟的最佳方式。

　　与此同时,我们所了解到的是电子烟所含有毒成分比普通香烟少 1000 倍,因此,如果吸电子烟意味着你得到足量的尼古丁而没有吸入大量的毒素,那么这一定是件好事。不过,减少抽烟并完全戒烟应该是你的最终目标,所以你必须意识到用一种上瘾代替另一种上瘾的危害性。

常见的误解

电子烟会为抽真烟大开方便之门。

　　从目前已经进行的研究来看,并没有证据证明年轻人尝试着抽电子烟之后会转向抽香烟。

7

戒烟的心理支持

关于戒烟的最佳方法,大量的研究证据已经表明,戒烟时心理支持非常重要。心理支持不仅在戒烟出现困难时鼓励你继续坚持,而且让你觉得不管戒烟是否取得进展,你都要对其他人负责。

从面对面戒烟诊所、心理学家和治疗专家约谈到电话心理咨询和智能手机应用软件,有各种方法可以获得这种心理支持。下面就让我们仔细研究一下可以为戒烟提供帮助的手段,以及那些已经发现和还没有发现会起作用的方法。

戒烟诊所

在英国,国民医疗保健署可以提供尼古丁替代疗法,想以这种方式戒烟,就要定期去戒烟诊所,戒烟诊所由经过专业培训的戒烟医生所开。预约不仅包括讨论处方药的使用或尼古丁替代疗法,而且包括心理咨询以及帮助你克服抽烟渴望和避免复吸的专门建议。

这些诊所也会通过检查一氧化碳的含量来监控你的恢复情况。看着数字下降,可能也是你继续坚持戒烟直至永久性戒烟的一个强大动力。

手机的使用

据联合国估计,全球有 60 亿人使用手机订阅服务,英国 92% 的成年人都拥有或使用一项订阅服务。以这种覆盖率,利用手机订阅这种普遍的服务来帮助人们戒烟就非常有意义。

目前手机帮助人们戒烟的三个主要途径是利用短信服务,从网上下载戒烟应用软件程序和通过电话与戒烟顾问进行交流。

短信治疗法

有一整套的短信戒烟服务提供给抽烟者。这些信息非常个性化,适合你的年龄、性别和族群,还有一个优点就是无论何时何地你都可以免费阅读。这就避免了必须约定在某个时间和地点见面的麻烦,而这一点是很令人讨厌的,并且也是获得贴心帮助的一大障碍。

大量的研究已经证明了短信治疗法的可能效果,其中的一项研究成果 TXT2STOP 于 2011 年发表在权威医学杂志《柳叶刀》上。

签署戒烟短信服务的人可以连续 6 个月收到短信服务,前 5 个星期每天收到 5 条短信,以后每天收到 3 条短信。结果表明,这种方法帮助 10% 的人戒掉了烟瘾。这一成功率并不是很令人惊叹,但是如果你发现预约面谈很难实行的话,这个方法还是值得一试。

手机短信戒烟研究中的短信样本

- 为了让事情变得更容易,想抽烟时,尝试分散一下注意力,在有压力的情况下,通过构想个人未来的规划来进缓解。

- 为什么不把你戒烟的原因写在行动列表上? 要以此作为激励。

- 戒烟短信:想着戒烟就会长胖? 我们会帮你。我们会给你发控制体重、锻炼身体的短信以及激励技巧。

- 就是这样! ——**戒烟日**,扔掉所有的香烟,**今天就是**你彻底**戒烟**的开始,你一定能做到!

- 戒烟短信:见效很快! 现在你的体内已经没有一氧化碳了!

- 4天 = 重大日子,抽烟的愿望还是那么强烈? 别担心,明天会更容易些! 让身心忙碌起来。保留这条短信,这样在服务期间,你随时可以给我们回复短信说自己**想抽烟**。

手机应用软件程序

几乎每个人的口袋里都有一部手机。就和手机戒烟短信一样，如果你有一部智能手机，你也能通过下载手机应用软件来获得戒烟的建议。在你觉得方便或者发现自己想抽烟的时候，你可以看一下手机，这很正常。

有些下载要收费，而有些则完全免费，如英国国民医疗保健署所设计的软件就是免费的。现在可获得的应用软件有：

● 我戒烟了（iQuit）

● 免费戒烟（Stop Smoking Free）

● 不抽烟的生活（No Smoking Life）

● 指导戒烟（Coach Quit）

● 戒烟咨询电话（My Quitline）

● 国民医疗保健署戒烟（NHS Quit Smoking）

并非所有的戒烟软件都按照传统的、经过反复试验的方法来帮你戒烟，因此，如果你打算使用戒烟软件，国民医疗保健署的应用软件应该是个不错的选择。

电话咨询

如果你宁愿让一个真实存在的人帮你度过戒烟阶段，但是又因为时间限制和缺乏交通工具而不想去戒烟诊所，那么使用电话咨询热线不失为一种好方法。正如上面提到的戒烟诊所一样，电话咨询需要你和有资质的咨询师交流，他们会根据你的具体需要来为你安排戒烟过程。为了避免半途而废，他们会对你保持跟进，帮你度过戒烟难关，让你对他人有一种责任感，在这一过程中，你也会逐渐了解他们。

心理治疗法

也有更正式的谈话治疗来帮你戒烟，要么是和心理顾问一对一的交流，要么是由治疗师推动的小组交流。这种形式的心理治疗帮助你度过整个戒烟过程，并解决那些一开始导致你抽烟的根本因素，例如，抑郁、焦虑或压力。

有许多不同类型的谈话治疗方法，包括行为疗法、人际交往疗法、认知行为疗法、心理动力疗法。这些疗法的共同特点就是你必须和治疗师一起合作,在治疗中利用他们的专业知识,对自己如何染上烟瘾以及怎样改掉这个坏习惯进行深入了解。这不仅有助于你在心理上摆脱对抽烟的依赖(例如,为了缓解压力或应酬而抽烟),并且也防止你将来复吸。

这些疗法一般通过私人途径就可以获得,但有研究证据表明,它是值得金钱投入的。

同快速戒烟相比,心理疗法一定会增加你戒烟成功的可能性。

常见的误解

突然停止做某事是改掉任何习惯的最佳方法。

尽管你确实需要意志力和个人的保证才能成功地戒烟,但是有证据表明,如果采用心理咨询和尼古丁替代疗法的话,你就更有可能戒烟成功。

8

另类戒烟法

如果你在互联网上搜索另类戒烟法,马上就会出现大约 200 万个搜索结果,从草本药疗法到催眠疗法,应有尽有。一位博主甚至建议,每当你想抽烟时,就吃狗粮!很明显,要是把狗粮的糟糕味道和抽烟联系在一起,那你还不得赶紧戒烟!

尽管有些治疗方法可能对一些人是有效的,但是你有足够的理由放弃医生提供的经过反复试验的处方而把时间和金钱浪费在不那么主流的偏方上吗?

以下是网上提供的前三个最常见的戒烟建议。先声明一下,这些建议并不是那么有说服力哟!

催眠疗法

催眠术经常被人吹捧为是治疗像压力、幽闭恐惧症、尿床和阳痿之类疾病的一个很好的方法,对帮助人们摆脱各种瘾症也很有效。从种种传闻来看,催眠疗法似乎对有些人还真是有效的,并且由于它不像处方药那样会对人体有很大的副作用,因而就显得特别有吸引力。

什么是催眠疗法?

催眠术以各种各样的形式已经被应用了好几千年了。据说,在公元前 1500 年,古埃及纸莎草上就有相关记载。但是它真正流行始于 18 世纪。使用催眠疗法最著名的人物也许就是 19 世纪维也纳的西格蒙德·弗洛伊德,他曾一度使用催眠术来研究病人在潜意识状态下的一些想法。

　　在催眠状态下，催眠治疗师利用各种方法把人带入深度放松的昏睡状态。被催眠的人仍然处于完全清醒的状态（并未像人们通常所认为的那样是睡着的），但是在这种物理放松状态下，催眠者的思想被集中在一个特殊的话题上，而不是分心去想其他的事情。

　　一旦被催眠，患者会很乐意接受建议，因此治疗师就能够引导患者的思想和感觉来解决问题。患者确实需要配合这个过程才会有效，催眠师并不能强迫患者去做或去想他们不想做或不愿想的事情。这种配合也说明了为什么催眠疗法并不是对每个人都有效。

　　运用脑部扫描所进行的研究已经表明，催眠术能改变大脑理解事物的方式。在一项研究中，催眠师告诉催眠状态下的志愿者，他们所看到的黑白物体是彩色的。因此，当志愿者注视这些物体时，正如人们所预料的那样，扫描仪上处理彩色而非处理黑白颜色的大脑区域亮了。

一次治疗包括什么？

催眠治疗每次大约一小时左右。在第一个疗程中，治疗师在向你说明治疗期间会发生什么之前，首先会详细了解你的个人情况及你的需求。一旦你被催眠，很可能在接下来的时间中，治疗师会向你暗示一些戒烟的方法，这可能需要你在脑海中想象自己已经戒烟成功的画面。在进一步的治疗中，这个做法要不断重复。

催眠疗法不在英国的国民医疗保健体系范围之中，因此需要自费治疗。

烟催眠疗法

尽管科学已经表明催眠疗法或许真的会对大脑产生影响，但是你有任何证据可以证明它确实有助于戒烟吗？

一些小范围内的研究得出了非常乐观的结论，这些结论表明催眠疗法有助于戒烟。当然，我遇到过一些极其相信催眠疗法的患者，他们说，如果没有催眠治疗师的话，自己现在还会一天抽20支烟。不过，一些规模更大的研究在把所有的结果放在一起进行综合考虑后发现，上述结论其实并不那么令人信服。我们并不能拍着胸脯保证说，催眠疗法是帮助人们戒烟并一劳永逸地远离香烟的一个可靠疗法。

针刺疗法

针刺疗法是中医的一种形式，临床记录可追溯到公元前 200 年。针刺疗法就是把不锈钢细针刺入到身体某个穴位内。在传统的中医里，这些穴位都是看不见的经络。据说，被称作"气"的身体能量或者生命力可以通过经络流动，气脉堵塞会导致疾病，用针刺治疗可以恢复气脉通畅。

把针刺入人体的不同穴位就可以治疗不同的疾病，具体的治疗方案取决于患者对症状的描述以及主治医师的诊断。

针刺戒烟

在典型的专家咨询中,可能你要详细说明自己的抽烟史。这会找到你抽烟的模式以及引发你抽烟的动机,比如,你是饭后抽烟,还是喝咖啡的时候抽烟。

根据这些情况,针灸师会给你进行一个体检。传统的中医认为,一个人的舌头状况有助于诊断各种身体疾病。因此,除了触诊、检测肺活量和心率以及量血压等体检项目之外,针灸师会特别留意你的舌头的形状、大小、颜色和舌苔的状况。

一旦做出诊断,你将会获得量身定制的治疗方案,以满足你的特殊需求。这会持续好几个疗程,典型的是5个疗程,每个疗程大约一小时左右。治疗期间,大多数医师都会集中在你的耳穴施针,而身体的其他穴位也可施针。

针刺有效吗?

在对针刺穴位的基本解剖学和心理学理解方面,西医并不是很成功,但是作为治疗各种疾病的一种手段,人们对其医疗效果已经进行了大量的研究。不幸的是,当提到针刺可以减少脱瘾症状或者是有助于完全终止脱瘾症状时,无论是短期效果还是长期效果,都没有明显的证据。事实上,真正的针刺疗法和假的针刺疗法(充当一种安慰剂)相比,效果非常相似。

如果你已经打算戒烟,那么针刺疗法可以是一种辅助戒烟的有用形式。不过在这种情况下,肯定就不能把它推荐给每个人来作为戒烟的一种方法了。

草本治疗方法

圣约翰草

这种草本药物产自开黄色花的植物金丝桃,多年来一直用于治疗抑郁症。最近被建议用于治疗经前期综合征、注意力缺失过动症(ADHD)和过敏性肠综合征,还有人倡导用其帮助人们戒烟。

通过影响大脑中许多不同的化学递质,包括有助于放松心情的血清素和跟人们抽烟上瘾有关的多巴胺,圣约翰草对戒烟似乎是有效果的。

很遗憾,并没有证据表明圣约翰草帮助人们戒烟是真的很有用。尤其是在 2010 年的一次试验中,圣约翰草和安慰剂的效果相比,服用糖片的患者和服用圣约翰草的患者一样有可能戒烟成功。

尽管圣约翰草的副作用小,但是它并不适用于每个人,并且还有和许多处方药相互作用的缺点。所以,如果你怀孕了,处在哺乳期,有肝病和肾病,正在吃药治疗艾滋病,有狂躁型抑郁症,或者正在吃避孕药、抗抑郁症处方药的话,那就不能服用圣约翰草。

半边莲

这种植物也被称作"印度烟草",它含有一种类似尼古丁的化学物质,可以作用于大脑,并引起多巴胺的释放。因此,半边莲被吹捧为是一种能够帮助人们戒烟的天然药物。

　　然而,半边莲常见的的副作用是会引起恶心呕吐,故又得名"祛痰菜"、"呕吐草"。如果这样还不能让你退缩的话,那么我要告诉你的是,对半边莲药效的研究表明,这种药对戒烟者也没有多大好处。

草本香烟

　　有人认为,草本香烟在帮助戒烟的同时,也有助于戒除尼古丁瘾,倘若你习惯于口中叼着一支烟的话。草本香烟既不含烟草,也不含尼古丁,它是由听起来感觉令人愉悦的一些材料组成,例如薄荷、桂皮、玫瑰花瓣、丁香、玉米须提取物、甘草或柠檬香草。这会使人想起健康果汁的配方,而不是点燃后会冒烟之类的东西。

　　但是,千万不要被什么"天然的""草本的"这种听起来无害的标签给蒙骗了。草本香烟一样有潜在的危害。它的危害就是:你吸进去的一氧化碳、致癌物质和抽普通香烟吸进去的一样多。

　　因此,我们并不建议把草本香烟作为一种戒烟的辅助疗法。

9

早期脱瘾症状

这个问题也许是让人感觉有点厌烦的老生常谈,但是在戒烟后,你将很快与"没有付出就没有收获"这句话产生共鸣。戒掉烟瘾并非那么容易。在熄灭最后一支香烟后的头几个星期,有时甚至是几个月,你都有可能体验到一两种令人不愉快的副作用。

好消息是在此阶段你也会获得一些更重要的有利于健康的好处,这个问题我们下一章会谈到,但是,现在,让我们先了解一下坏消息吧! 以下将简要说明的是,如果打算彻底戒烟,你必须忍受哪些痛苦。

咳嗽

具有讽刺意味的是,戒烟之后,由抽烟引起的咳嗽也许会被戒烟引起的咳嗽所取代,并且会持续好几个星期。这是由肺部保护性运行机制的康复所引发的,这些运行机制在你抽烟期间已经被破坏。尤其是支气管里细小纤毛的快速康复,一起把遍布细菌的粘液从肺部深处推开,这样粘液就会咽下、吐出或咳出。

抽烟会伤害这些小小的纤毛,沾满细菌的粘液因此就会渗入到肺里,这就解释了为什么抽烟的人比不抽烟的人更容易肺部感染。随着纤毛的复原,这种粘液传输带重新发挥作用,开始去掉自你抽烟以来积聚在肺部的焦油、毒素和污浊的粘液。为了帮助你彻底清除粘液,这种东西会产生刺激作用,并引发咳嗽。

喝大量的水和果汁有助于缓解咳嗽。如果这样做还是无济于事,或者咳嗽变得更加严重,你就需要去医院做个检查了。

感冒和类似流感的症状

除了咳嗽以外，你可能还会出现其他一系列上呼吸道感染症状，这有时被称作"戒烟者感冒"。这些症状包括流鼻涕、咽喉痛和鼻塞，这也是你的气道黏膜修复后所带来的又一个结果。

这种"流感"在戒烟之后很快就会出现，但几周之后就会消失。热饮有助于缓解鼻塞，但在总体上，没有特别有效的方法可以消除上述症状。因此，你必须忍受这种种不适。

头痛

在不抽烟的初期阶段，你总是有可能比平常更头痛，而头痛常常伴随着我们前面所提到的呼吸道症状，因此也就形成了戒烟者流感的种种症状。

有许多因素可引起头痛,其中包括:

● 尼古丁脱瘾——头痛是由于大脑周围的血管舒张而引发的。

● 被称为血清素的神经递质含量发生变化,从而在戒烟康复期间引起头痛。

● 和失眠有关的脱瘾所引发的疲劳引起头痛(见下文)。

简单的非处方止痛药,比如扑热息痛和布洛芬,应该足以缓解你的头痛。在戒烟后的头几个星期,如果你能保证休息好,体内水分充足,头痛的情况就会减轻。

失眠

戒烟之后的头几个星期,尽管有些戒烟者总是会感到疲劳(因为大脑中缺少尼古丁发挥的兴奋作用),但是更多的人会失眠,连睡个好觉都成问题。造成这种情况最有可能的原因就是,抽烟者和非抽烟者体内的咖啡因(在茶叶、咖啡和能量型饮料中发现的一种兴奋剂,被认为会影响睡眠）新陈代谢的方式不同。

尼古丁加快了咖啡因新陈代谢的速度,这样当抽烟者喝茶或喝咖啡的时候,与不抽烟的人相比,他们只能吸收一半的咖啡因。当他们戒烟的时候,所获得的咖啡因剂量就会翻倍,结果就导致更加兴奋,睡眠减少。

为了解决这个问题,一个显而易见的建议就是减少喝含有咖啡因的饮料,或换成不含咖啡因的饮料和草本茶。睡前一杯热牛奶可能也会很有帮助。

体重增加

体重增加确实是个大问题:戒烟后所产生的这种副作用似乎让大多数人都不想戒烟,直接就认输了。抽烟者或许会担心他们的心脏和肺部健康将受到影响,害怕得不治之症,但是当面对如果戒烟就会长胖这种可能性时,这种担忧对某些人来说就相形见绌、不值一提了。

研究已经表明,戒烟后一年,戒烟者平均体重增加4-5公斤,13%的戒烟者体重增加多达 10 公斤。然而,

16%的戒烟者也会逐渐减少体重。

尼古丁是一种食欲抑制剂,所以,只要抽烟,食欲就会减少。一旦尼古丁消失了,食欲就会大增,体重也就随之上升。如果你只吃水果,或者避免吃含糖、含脂肪的零食,这种情况就不会发生。

如果不这样的话,那你肯定得付出小小的代价了。

正如 Roy Castle FagEnds 这个戒烟网站所说的那样,你愿意成为:

(a) 一个稍胖的不抽烟者

还是

(b) 体重不足快要死的抽烟者?

他们的话确实有道理!

便秘

由于尼古丁对消化系统有影响,当你逐渐停止依赖尼古丁的时候,你可能会注意到自己的肠道功能开始紊乱,并且在努力恢复正常。最常见的并发症就是排便次数减少,可能你会感到肠道阻塞。

便秘往往是在戒烟初期出现的一个副作用,会持续一个月的时间。为了避免便秘发生,一定要多吃水果和蔬菜,早餐吃粗粮和谷物,用大量的水和果汁把食物送下去。

情绪变化,易怒

考虑到戒烟之后会感冒、头痛、睡眠不佳、便秘、体重增加,那么你感到自己脾气暴躁、爱生气可能也就不足为奇了。

但是,易怒、情绪低落、焦虑也可能是尼古丁脱瘾过程的直接结果,而不仅仅只是戒烟所带来的其他令人不快的副作用导致情绪不高所造成的。也有人认为,抑郁症会在此时产生是由于抽烟者为不能做和抽烟有关的一些事情而心情沮丧,比如与烟友们呆在一起、社交应酬等。

这种失落感可能会持续好几个月,但是你可以通过其他积极的方式来度过这段时期。要让自己忙碌起来，而不是总呆在老地方去回想自己已经失去的东西。

这是值得的

戒烟可能出现的种种症状，或许会让你压根不想自讨苦吃地去戒烟。说实话，这的确会让人对戒烟产生畏难情绪。

但是，必须要记住的是：首先，这些症状或许并不会发生在你身上（尼古丁替代疗法和其他脱瘾治疗方法会让这些症状远离你）；其次，如果你确实经历过这些症状，这也是暂时的。

相反，继续保持抽烟习惯的后果要严重得多，而唯一短暂的就是你的生命。

因此，从更积极的层面上来看，下一章我们会着眼于这样一个问题：随着戒烟的成功，你的身体会发生哪些有益的变化。而要谢天谢地的是，这些变化所带来的好处要远远大于戒烟所带来的坏处。

10

戒烟对健康的好处

既然抽烟对身体的方方面面都会产生影响,那么下面我们就从头到尾简要梳理一下,如果改掉了抽烟的坏习惯,你会发生什么样的改变。

脸

人都是爱慕虚荣的,很多人会将大把的时间和金钱花在美容上,尽量让自己好看。事实上,2013 年哈利街美容诊所的一项报道表明,女人一生中有 474 天都是在镜子前涂抹化妆品。其他的调查则发现,在洗漱、刮胡子和润肤上,男人甚至比女人花费的时间还要多。

戒烟之后,你的皮肤肌理自然会看起来更加细密光滑,而不需要昂贵的面霜和乳液来护理,这的确是戒烟的一大好处。之所以会如此,这是因为不抽烟的人皮肤能得到更充足的氧气和养分。抽烟所带来的损害,使皮肤更容易出现皱纹,戒烟可以彻底改变这一状况。

如果戒烟的话,你的牙齿会变得更健康、更白皙,得牙龈病的几率也会更低。当然,你呼出的气息也就更加清新了。

感官

由于香烟中有毒化学物质的影响,无论是你的味觉还是嗅觉都变得迟钝了。戒烟之后,这两种感官会得到恢复。你会吃得更多,并且能够再一次体验刚刚割下的鲜草味道。

肺活量

如果戒烟的话,你的呼吸会变得更加顺畅,咳嗽也会少了许多。戒烟之后,你的肺活量在第一年大约会提高10%,锻炼身体会更有效果,爬到楼顶你也不会气喘吁吁或者需要坐下来休息一会了。

血液循环

血液循环比肺活量提高得更快,经常是在戒烟后的第一个月就会提高。血液循环的提高会让你的身体有更多的能量,手和脚也会更暖和。

免疫力

戒烟会提高免疫力,从而全力为你提供更好的保护,以抵御感冒、流感以及抽烟所引起的肺部感染。

性

牙齿好、皮肤光滑,对你的另一半而言,你的吸引力就更大。如果戒烟,你的吻无疑也会更清新。也许更重要的是,男人戒掉烟,更易勃起,并且由于敏感区和性感地带血液循环的改善,性欲也会变得更强烈,从而让男人和女人达到性高潮。

此外,生育能力也会提高。由于戒烟后男人会产生更健康的精子,女人在成功受孕之后就不太可能流产了。

因此,戒烟会让你在卧室里取得一个双赢的结果。

情感

研究已经表明,戒烟之后,压力会减小,和继续抽烟相比,你也不太容易生气和发火。在抽烟的数量和大脑中被称作血清素的化学物质之间,似乎存在着一种反向的关系。因此,抽烟越多,血清素就越少,而血清素越少,你就越有可能感到抑郁,并产生自杀倾向。

如果戒烟,血清素含量就会恢复正常,由此你的心理健康状况也会很快得到改善。

预期寿命

戒烟最让人心动的好处就是你会活得更长久,这是一个不争的事实。抽烟,正如我们所看到的那样,会让你患上各种不治之症,这些致命疾病会在你自然死亡之前就要了你的命。癌症、心脏病和中风都很有可能缩短人们的寿命,如果抽烟,你就更容易患上这些疾病。

但是,如果你在 30 岁之前就戒烟的话,比起抽烟,你可以多活 10 年。即使到 60 岁才戒烟,你也至少可以多活 3 年,否则将连这 3 年也会错过。

一个崭新的你

有这么多好处可以带给你,如果还不尝试着戒烟,那

你一定是疯了。戒烟后，你的气色会看起来更好，感觉更
舒服，气息变得更清新，在床上也会变得更有激情。你很
快就会享受到这一切！

时间	给健康带来的好处
20 分钟	心率恢复正常
2 小时	血压恢复正常，开始出现脱瘾症状，例如想要抽烟、感到焦虑和沮丧
12 小时	血液中有毒的一氧化碳含量降到正常，血液中的氧气相应增加
24 小时	心脏病发作的风险已经开始降低
3 天	尼古丁离开体内，脱瘾症状达到顶点
2-3 周	肺部功能和血液循环得到改善，这意味着你感觉好一些了，可以变得更活跃而不会有快要死了的感觉
9 个月	肺部功能恢复正常，呼吸顺畅，咳嗽减少，胸部感染的风险降低
1 年	得心脏病的风险降低了 50%
5 年	中风的几率现在和从不抽烟的人一样
10 年	和抽烟相比，得肺癌、口腔癌、喉癌、食道癌、肾癌、膀胱癌和胰腺癌的风险降低了 50%
15 年	得心脏病的机率现在和不抽烟的人一样

常见的误解

我抽烟很久了,对身体造成的损害已无可挽回。

由抽烟所造成的损害是逐渐积累的,无论什么时候戒烟,你都会从中受益。

结束语

我希望我在本书中所提供的证据已经让你不再怀疑抽烟是有害的。如果继续抽烟,你很可能会丧命。抽烟致死的方式是多种多样的,包括你叫得出名字的任何一种器官所患的癌症、心脏病发作、中风以及让人感觉呼吸困难、拖很久才会死的的慢性肺病。

不过,你完全可以避免这一结果。亡羊补牢,为时未晚,没有比现在就拿出行动更有效的戒烟方法了。戒烟需要毅力,戒烟过程中伴随着种种失败,不是那么容易的,但那将会是你做过的最棒的一件事。它会延长你的生命,提高你的生命质量,给你更多的时间和你爱的人在一起。

遗憾的是,没人会替你做到这一点,如果你不想戒烟的话,那么全世界所有的警告对你都是不起作用的。但是,如果你相信戒烟的时机到了,那么不要再浪费时间和金钱了——赶紧去做吧!你要尽最大的努力为你自己和你的家人负责。

当你朝着无烟生活迈出第一步的时候,我衷心地祝愿你一切顺利!

附录：香烟的结构

香烟的主要组成部分

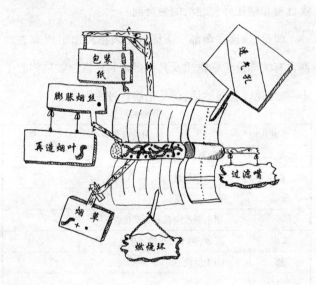

香烟里面有什么?

　　与超市买的食品不同,在香烟的包装盒上你不可能看到香烟成分的列表,因而也就无法准确地知道自己在吸什么。如果你不嫌麻烦,可以到厂家的网站上详细了解一下香烟里都含有哪些成分,但即便如此,他们也只会告诉你一些功用听起来无害的成分,例如,增香剂、过滤嘴材料和粘住外包装纸的黏合剂。

但是,这远非全部。下面这个表格列出了所有香烟都含有的部分化学物质及其所带来的危害。如果你胆子小、神经比较脆弱的话,还是把脸转过去别看了!

主要成分	用途与危害
氨	用于家用清洁剂
白芷提取物	使动物致癌
砒霜	可以毒死老鼠
苯	用来制造染料和合成橡胶
丁烷	气体,用于打火机液体
镉	用于电池
一氧化碳	有毒气体
氰化物	致命毒药
滴滴涕	被禁用的杀虫剂
糠酸乙酯	导致动物肝损伤
甲醛	用于保存死去的物种
铅	剂量大会中毒
甲氧普烯	一种杀虫剂

（续表）

主要成分	用途与危害
异氰酸甲酯	1984 年,印度博帕尔异氰酸甲酯毒气意外泄漏,造成 2000 人死亡
萘	樟脑丸的主要成分
钋	致癌的放射性元素

这张表非常有助于解释为什么所有香烟的包装上都必须写着"吸烟有害健康",以及为什么香烟会被认为是"癌棒"。而且很遗憾,你抽的是哪种类型的香烟其实并不重要,因为无论是焦炭含量高的,还是焦炭含量低的,所有香烟的主要成分都是一样的。所以,千万不要上当,以为换成焦炭含量低的香烟就会对自己有好处;在焦炭含量低的香烟中,剧毒物质也一样多。

一些令人感到害怕的数字

以下是香烟中有害物质的真实比例。每支香烟中都含有:

- 4000 种化学物质

- 40 种被认为是致癌的物质

- 400 种以其他方式使用被认为是有毒的物质

图书在版编目(CIP)数据

如何迈出戒烟第一步／(英)西蒙·阿特金斯 著;高红秀 译. --上海:华东师范大学出版社,2017.2

(速成手册系列)

ISBN 978-7-5675-5722-2

Ⅰ.①如… Ⅱ.①西…②高… Ⅲ.①戒烟-手册 Ⅳ.①C913.8-62

中国版本图书馆 CIP 数据核字(2016)第 230550 号

如何迈出戒烟第一步

著　　者	(英)西蒙·阿特金斯	
译　　者	高红秀	
责任编辑	徐海晴	
封面设计	吴元瑛	

出版发行　华东师范大学出版社
社　　址　上海市中山北路 3663 号　　邮编　200062
网　　址　www.ecnupress.com.cn
电　　话　021-60821666　　　　　行政传真　021-62572105
客服电话　021-62865537
门市(邮购)电话　021-62869887
地　　址　上海市中山北路 3663 号华东师范大学校内先锋路口
网　　店　http://hdsdcbs.tmall.com/
印 刷 者　上海盛隆印务有限公司
开　　本　787×1092　1/32
印　　张　3.375
字　　数　26 千字
版　　次　2017 年 2 月第 1 版
印　　次　2017 年 2 月第 1 次
书　　号　ISBN 978-7-5675-5722-2/G.9844
定　　价　18.00 元

出 版 人　王　焰

(如发现本版图书有印订质量问题,请寄回本社客服中心调换或电话 021-62865537 联系)

First Steps out of Smoking

by Simon Atkins

Text by Simon Atkins. Original edition published in English under the title **First Steps out of Smoking** by Lion Hudson plc, Oxford, England

This edition copyright © 2013 Lion Hudson

Published by arrangement with Lion Hudson plc, Oxford, England

Simplified Chinese Translation Copyright © 2017 by East China Normal University Press Ltd.

上海市版权局著作权合同登记　图字:09-2014-918 号